צוּרִי צַמֶּרֶת
וְאֱוַז הַבַּר

מֵאֵת טָלִי כַּרְמִי

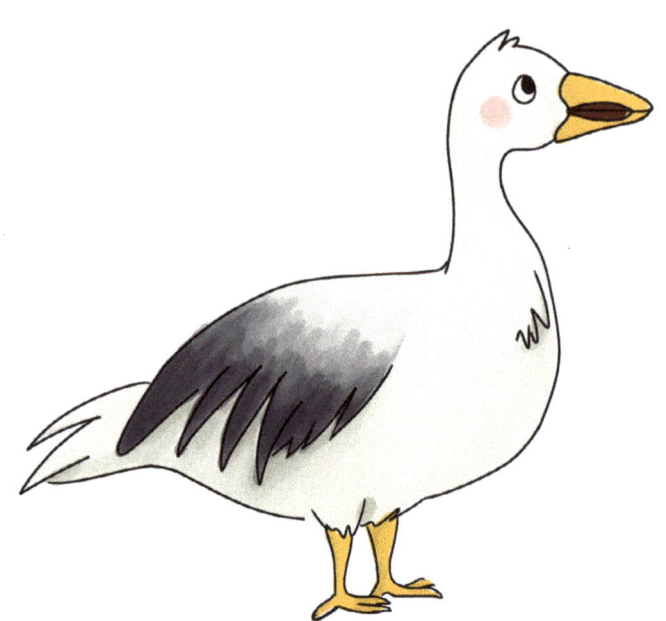

כל הזכויות שמורות © 2020 טלי כרמי
הפקה והפצה eBook-pro.com

איורים: מינדי ליאנג
עריכה לשונית וניקוד: נעה רוזן

צורי צמרת ואווז הבר
טלי כרמי

Copyright © 2020 by Tali Carmi

Illustrated by Mindy Liang
Editing by Noa Rosen

All rights reserved. No part of this book may be used or reproduced in any manner whatsoever without the written and signed permission of the author, except in the case of brief quotations embodied in critical articles or review

Contact information:
Email: tbcarmi@gmail.com
Instagram: tali.carmi
www.thekidsbooks.com

ISBN 9798745081774

מוקדש באהבה
למשפחת דרור מערד
שגידלה חסידה פצועה בחצר
וסיפורה מעורר ההשראה כתוב עד היום בדברי ימי העיר.
ובייחוד לחברי צח דרור,
ולכל חברי כיתתי ממחזור י' בתיכון ערד.
חברותכם נעימה לי מאוד, מאז ועד היום.

בְּבֹקֶר קְצָת קָרִיר נָשְׁבָה רוּחַ קַלָּה,
צוּרִי הִתְעוֹרֵר וְהִרְגִּישׁ מַמָּשׁ נִפְלָא

הוּא קָם מִמִּטָּתוֹ וּפָקַח אֶת עֵינָיו
"הֲיִתָּכֵן שֶׁחָלַף הַקַּיִץ וְהִגִּיעַ הַסְּתָו?"

לָקַח אֶת הַמִּשְׁקֶפֶת וְעַל הָעֵץ טִפֵּס חִישׁ קַל
לְצוּרִי צַמֶּרֶת זֶה לֹא הָיָה קָשֶׁה בִּכְלָל.

מֵרָחוֹק רָאָה לַהֲקַת אֲוָזֵי בַּר עָפִים מִצָּפוֹן לְדָרוֹם,
הִגִּיעָה עוֹנַת הַנְּדִידָה! הֵם עָפִים מֵאַרְצוֹת הַקֹּר אֶל הַחֹם.

כֵּיצַד הֵם יוֹדְעִים בְּעַצְמָם אֶת הַדֶּרֶךְ? זוֹ מַמָּשׁ חִידָה,
מִסְתַּדְּרִים בְּמִבְנֶה שֶׁל חֵץ וְעָפִים בְּהַתְמָדָה.

וַדַּאי קָשֶׁה לָהֶם לָעוּף לְמֶרְחָק כֹּה גָּדוֹל בְּלִי לַעֲצֹר.
אוּלַי אַזְמִין אוֹתָם לָנוּחַ בְּבֵיתִי, כָּל כָּךְ אֶשְׂמַח לַעֲזֹר.

אִם אֲנִי הָיִיתִי כֹּה רָחוֹק מֵהַבַּיִת, צוּרִי חָשַׁב,
וַדַּאי הָיִיתִי מְאוֹד עָיֵף, רָעֵב וְצָמֵא עַכְשָׁו,

הָיִיתִי מִסְתַּכֵּל לְמַטָּה וּמְחַפֵּשׂ מָקוֹם לָנוּחַ
לֶאֱכֹל, לִשְׁתּוֹת וּלְשַׁפֵּר אֶת מַצַּב הָרוּחַ.

הַאִם יֵשׁ בַּסְּבִיבָה שֶׁלָּנוּ חַנְיוֹן מַעֲבָר?
שֶׁיּוּכַל לְהַתְאִים לִמְנוּחַת אֲוָזֵי בַּר?

EXIT

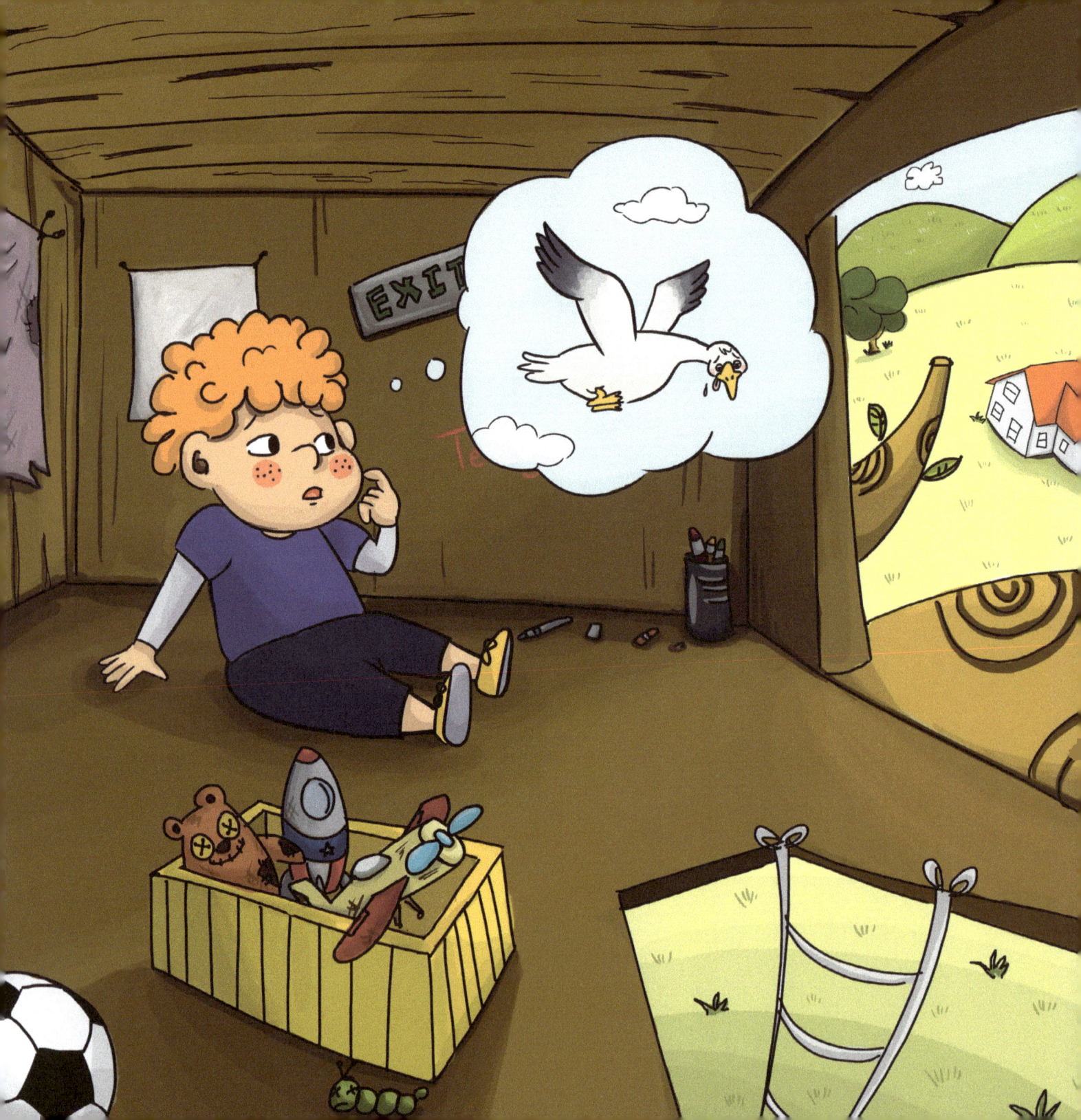

אֲהָהּ! צוּרִי קָפַץ בְּשִׂמְחָה כְּשֶׁהֵבִין מָה צָרִיךְ
בְּדִמְיוֹנוֹ כְּבָר רָאָה אֶת כָּל הַתַּהֲלִיךְ.

עִם קְצָת מַאֲמָץ וּקְצָת דִּמְיוֹן
גַּם הֶחָצֵר שֶׁלִּי תַּהֲפֹךְ לְחַנְיוֹן.

צוּרִי הָיָה נִרְגָּשׁ אֶת תָּכְנִיתוֹ לְהַתְחִיל לְמַמֵּשׁ
וְחִפֵּשׂ בֶּחָצֵר חֲפָצִים שֶׁבָּהֶם יוּכַל לְהִשְׁתַּמֵּשׁ.

הוּא מָצָא אַמְבַּטְיָה יְשָׁנָה, שֶׁבָּהּ טָבַל בַּקַּיִץ הַחַם.
עִם קְצָת עֲבוֹדָה תּוּכַל לַהֲפֹךְ לִמְקוֹר מַיִם מֻשְׁלָם.

בְּמֶרֶץ נִקָּה מִבִּפְנִים וּמִבַּחוּץ
וְלֹא חָדַל עַד שֶׁהַכֹּל הָיָה נָקִי וְרָחוּץ.

מִיָּד מִלֵּא מַיִם בְּעֶזְרַת צִנּוֹר, וְנִדְהַם:
הִנֵּה הָאַמְבַּטְיָה שֶׁלִּי מַמָּשׁ כְּמוֹ אֲגַם!

אַחַר כָּךְ חָשַׁב עַל מָזוֹן לַאֲוָזִים
בַּמֶּה אוּכַל לְהַאֲכִיל אֶת הַחֲבֵרִים הָרְעֵבִים?

צוּרִי נִזְכַּר שֶׁצִּפּוֹרִים מְלַקְּטוֹת זְרָעִים,
בִּשְׁבִיל אֲוָזֵי בַּר זֶהוּ אֹכֶל מַמָּשׁ טָעִים.

לָקַח זְרָעִים וּמִלֵּא בִּמְכָל שָׁקוּף וְגָדוֹל
וְחִבֵּר כַּפּוֹת עֵץ שֶׁמֵּהֶן יוּכְלוּ לֶאֱכֹל.

בְּסִיּוּם הַמְּלָאכָה נָח צוּרִי בְּשֶׁקֶט בֶּחָצֵר
יֵשׁ אֹכֶל, יֵשׁ מַיִם, דָּבָר לֹא חָסֵר.

אֲבָל אָזְנֵי הַבַּר הִמְשִׁיכוּ לָעוּף וּבִכְלָל לֹא שָׂמוּ לֵב,
צוּרִי הִמְתִּין וְהִמְתִּין עַד שֶׁהִתְעַיֵּף.

הֶחָצֵר הַיָּפָה עָמְדָה שׁוֹמֵמָה,
לֹא קִרְקוּר, לֹא גִּעְגּוּעַ, בָּאֲוִיר רַק דְּמָמָה.

וְהִנֵּה לְמָחֳרָת בַּבֹּקֶר הַפְתָּעָה נְעִימָה,
בֶּחָצֵר עוֹמֵד אֲוַז בַּר, הַמְּשִׂימָה הֻשְׁלְמָה!

צוּרִי קָפַץ מֵהַמִּטָּה שָׂמֵחַ וְנִרְגָּשׁ
וְיָצָא לֶחָצֵר לִפְגֹּשׁ אֶת חֲבֵרוֹ הֶחָדָשׁ.

הִנֵּה אֲוָז אֶחָד בַּחֲצֵרִי עָצַר!
"אַתָּה כָּל כָּךְ יָפֶה, אֶקְרָא לְךָ עֻזִּי אֲוַז הַבַּר".

"בָּרוּךְ הַבָּא לֶחָצֵר שֶׁלִּי, אַתָּה מֻזְמָן לֶאֱכֹל וְלִשְׁתּוֹת.
נוּכַל לְשַׂחֵק בְּיַחַד, אוֹ כָּל מָה שֶׁתִּרְצֶה לַעֲשׂוֹת".

אֲבָל הָאֲוָז עָמַד בֶּחָצֵר וְנִרְאָה קְצָת מְבֻלְבָּל
וְלֹא שָׂם לֵב בִּכְלָל לַחִנְיוֹן הַמְּשֻׁכְלָל.

הוּא הָיָה מְפֻחָד וְעָצוּב וְלֹא זָז לְשׁוּם מָקוֹם
לֹא אָכַל, לֹא שָׁתָה, אֲפִלּוּ לֹא אָמַר שָׁלוֹם.

צוּרִי הִתְקָרֵב אֵלָיו בְּשֶׁקֶט וּבִזְהִירוּת

"רוֹצֶה לִהְיוֹת חָבֵר שֶׁלִּי?" שָׁאַל בְּהִתְרַגְּשׁוּת.

פִּתְאוֹם הִבְחִין צוּרִי שֶׁכָּנָף אַחַת נוֹטָה כְּלַפֵּי מַטָּה.

"אוֹי עֵזִּי מִסְכֵּן, אֲנִי רוֹאֶה שֶׁנִּפְצַעְתָּ!

הַכָּנָף שֶׁלְּךָ נִרְאֵית שְׁבוּרָה, זֶה וַדַּאי לֹא נָעִים

אֶקַּח אוֹתְךָ לְוֶטֶרִינָר, רוֹפֵא שֶׁל בַּעֲלֵי חַיִּים".

צוּרִי נִכְנַס הַבַּיְתָה, לָקַח קֻפְסַת קַרְטוֹן גְּדוֹלָה,
מָצָא גַּם מִסְפָּרַיִם וְהֵחֵל בִּפְעֻלָּה.

הִנִּיחַ מַגֶּבֶת רַכָּה בְּתַחְתִּית לְאַחַר שֶׁאֶת הַמִּכְסֶה הֵסִיר
חָתַךְ חוֹרִים בְּצִדֵּי הַקֻּפְסָה, כְּדֵי שֶׁיִּכָּנֵס אֲוִיר.

עָטָה כְּפָפוֹת עָבוֹת עַל יָדָיו וְהוֹסִיף גַּם שְׂמִיכָה
וְכָךְ יָצָא לֶחָצֵר, מְצֻיָּד כַּהֲלָכָה.

"הֵי עֻזִּי", אָמַר צוּרִי בְּקוֹל שָׁקֵט וְרָגוּעַ,
"אַל תִּפְחַד, אֲנִי אֶעֱזֹר לְךָ, אַתָּה נִרְאֶה פָּצוּעַ".

צוּרִי פָּרַשׂ מֵעָלָיו אֶת הַשְּׂמִיכָה בַּעֲדִינוּת
וּבְעֶזְרָתָהּ הִכְנִיס אֶת עֻזִּי לַקֻּפְסָה בְּסַבְלָנוּת.

עַל הַקֻּפְסָה הִנִּיחַ אֶת הַמִּכְסֶה קְצָת פָּתוּחַ
כְּדֵי שֶׁעֻזִּי יַרְגִּישׁ מוּגָן וּבָטוּחַ.

צוּרִי נִזְכַּר בַּחֲבֶרְתּוֹ וִיקִי, וֶטֶרִינָרִית מְצֻיֶּנֶת
וְחָשַׁב שֶׁהִיא תִּשְׂמַח לִמְשִׂימָה מְעַנְיֶנֶת.

"אַל תִּדְאַג עֻזִּי, נֵצֵא בְּיַחַד לְטִיּוּל
וּבְסוֹפוֹ תּוּכַל לְקַבֵּל טִפּוּל.

וִיקִי עוֹבֶדֶת בְּבֵית חוֹלִים לְחַיּוֹת בַּר,
שָׁם נוֹתְנִים לַחַיּוֹת טִפּוּל נֶהֱדָר".

"שָׁלוֹם צוּרִי", שָׂמְחָה וִיקִי כְּשֶׁלַּמִּרְפָּאָה נִכְנְסָה.
"אֲנִי רוֹאָה אֲוַז בַּר בְּתוֹךְ קֻפְסָה?"

בִּזְהִירוּת הוֹצִיאָה אֶת עָזִי וְאָמְרָה:
"אַתָּה צוֹדֵק, צוּרִי, הַכָּנָף שֶׁלּוֹ שְׁבוּרָה".

"הוּא יִשָּׁאֵר כָּאן בְּבֵית הַחוֹלִים לְחַיּוֹת בַּר
רַק עַד שֶׁיַּבְרִיא, לִתְקוּפַת מַעֲבָר".

צוּרִי שָׂמַח מְאוֹד שֶׁעֻזִּי יְקַבֵּל טִפּוּל טוֹב,
הוּא יִשָּׁאֵר בְּבֵית חוֹלִים וְיַבְרִיא בְּקָרוֹב.

אֲבָל בְּדַרְכּוֹ הַבַּיְתָה חָשׁ קְצָת מְאֻכְזָב
בְּלִי עֻזִּי, עִם מִי יְשַׂחֵק עַכְשָׁו?

הוּא לֹא יָדַע, אֲפִלּוּ לֹא נִחֵשׁ
שֶׁבַּבַּיִת כְּבָר מְחַכֶּה לוֹ מַשֶּׁהוּ מְרַגֵּשׁ...

תַּחַת בֵּית הָעֵץ שֶׁלּוֹ שִׂמְחָה וְשָׂשׂוֹן
שְׁתֵּי יוֹנִים מְלַקְּטוֹת זְרָעִים בְּתֵאָבוֹן.

הֵן קוֹפְצוֹת לַגִּיגִית לִשְׁתּוֹת וּלְהִתְרַחֵץ
וְצוּרִי שָׂמֵחַ וְגֵאֶה עַד אֵין קֵץ.

נִרְאֶה שֶׁהַיּוֹנִים הֶחֱלִיטוּ לְהִשָּׁאֵר
וְקָבְעוּ אֶת בֵּיתָן הֶחָדָשׁ בֶּחָצֵר!

צוּרִי פָּרַשׂ אֶת אֶת יָדָיו בְּשִׂמְחָה
וְהַיּוֹנִים נָחֲתוּ עֲלֵיהֶן בְּבִטְחָה.

"שָׁלוֹם חֲבֵרוֹת חֲדָשׁוֹת", קָרָא צוּרִי בְּקוֹל
"בְּרוּכוֹת הַבָּאוֹת לְבֵיתִי", אָמַר בְּחִיּוּךְ גָּדוֹל.

בִּזְמַן שֶׁצּוּרִי צִפָּה לְחָבֵר אֶחָד שֶׁיּוֹפִיעַ
הוּא זָכָה בִּשְׁתֵּי חֲבֵרוֹת חֲדָשׁוֹת בְּמַפְתִּיעַ.

אַחֲרֵי הַסְּתָו בָּא הַחֹרֶף הַקַּר
וּמִיָּד אַחֲרָיו הָאָבִיב הַנֶּהֱדָר,

בֵּינְתַיִם הַכָּנָף שֶׁל עֱזִי הֶחְלִימָה
וְהוּא הָיָה חָפְשִׁי לָעוּף קָדִימָה.

הוּא הִצְטָרֵף לַחֲבֵרָיו לִנְדִידַת הָאָבִיב
וּלְעוֹלָם לֹא יִשְׁכַּח אֶת צוּרִי חֲבֵרוֹ הַנָּדִיב.

www.ingramcontent.com/pod-product-compliance
Lightning Source LLC
LaVergne TN
LVHW070603070526
838199LV00012B/478